Offener Brief an Eduard Zeller.

Von

Franz Brentano.

Offener Brief

an

Herrn Professor Dr. Eduard Zeller

aus Anlass

seiner Schrift über die Lehre des Aristoteles
von der Ewigkeit des Geistes.

Von

Franz Brentano.

Leipzig,
Verlag von Duncker & Humblot.
1883.

Inhalt.

Seite

Anlass des Briefes; Ankündigung einer demnächst in den Berichten der Wiener Akademie zu veröffentlichenden Abhandlung; Zellers persönliche Vorwürfe 6

Zeller betrachtet meine Zuversicht als Anmaassung, spricht aber selbst mit nicht geringerer Entschiedenheit, auch da wo er keine Gründe beifügt, oder wo er nachweisbar völlig im Irrthume ist. Meine Interpretation des οὐ μνημονεύομεν De Anim. III, 5 (Creat. d. Arist. S. 102). 12

Zellers neu ersonnene Erklärung von Met. $\varLambda$, 3. 1070 a 21 und ihre Unmöglichkeit 17

Zellers Behauptung, dass der aristotelische Gott nicht wirke, oder, wie er sich ausdrückt, dass er wirke, aber nur weil er Zweckursache sei. Werth dieser Distinction. Die Stellen Met. $\varLambda$, 7. 1073 a 5 und Eth. Nik. X, 8 f. 25

Zellers Vorwurf der Entstellung, und ob nicht vielmehr ich hier das Recht hätte solchen Vorwurf zu erheben 30

Zellers Wiedergabe meines Beweises für den göttlichen Ursprung des Nus aus De Anim. III, 5 und 7 31

Zellers Behauptung, dass ich das Recht zu meiner Deutung von De Anim. III, 4 auf exegetischem Wege nachzuweisen gar nicht versucht habe. Widersprüche, die er in Aristoteles hineinträgt 32

Zellers Verschweigen der Stellung, die Trendelenburg zu der Frage über den Ursprung des Nus genommen. 33

Zellers Behauptung, dass ich den νοῦς δυνάμει „ersonnen" habe 33

Zellers irrige Interpretation von De Anim. III, 5. 430 a 17; sein Angriff auf die meinige; sein Missverstehen von Metaph. $\varLambda$, 7. 1072 b 22. 34,5

Schlussbemerkung 34

Hochgeehrter Herr Professor!

Als Erwiderung auf meine Abhandlung „Ueber den Creatianismus des Aristoteles" [1]), die ich erst jüngst Ihnen zu überreichen die Ehre hatte, haben Sie mir bereits Ihre Schrift „Ueber die Lehre des Aristoteles von der Ewigkeit des Geistes" [2]) zugesandt. Diese schnelle und eingehende Berücksichtigung hat mich aufrichtig gefreut. Wird sie doch wesentlich dazu beitragen, die Aufmerksamkeit der Gelehrten auf die zwischen uns schwebende Streitfrage und die der einen und andern Auffassung zu Gebote stehenden Argumente zu richten. Vielleicht nehmen dann auch andere Anlass, an dem Streite sich zu betheiligen; jedenfalls aber werde ich in einer der kaiserlichen Akademie demnächst zu übergebenden Arbeit „Zur Sicherung der dem Aristoteles zugeschriebenen Lehre von dem göttlichen Ursprunge des Nus" zu zeigen suchen, wie alle Ihre scharfsinnigen Bemühungen nicht ausreichen, die dafür erbrachten Beweisgründe zu entkräften. So darf ich hoffen, es werde in Betreff dieser, dann aber wohl auch vieler

---

1) Ueber den Creatianismus des Aristoteles. Wien 1882 (aus dem Jahrg. 1882 der Sitzungsber. d. hist. philos. Classe d. kais. Akad. d. Wiss. — CI. Bd. I. Heft S. 95 — besonders abgedruckt).

2) Sitzungsberichte der kgl. preuss. Akad. d. Wissenschaften zu Berlin 1882. XLIX. Bd. S. 1033. Sitzung der philos. histor. Classe vom 7. Dec. Ueber die Lehre des Aristoteles von der Ewigkeit des Geistes. Von E. Zeller.

anderer wichtiger Fragen der aristotelischen Metaphysik und Psychologie endlich eine richtigere Anschauung sich Bahn brechen. Leider wird in Folge der Einrichtungen der Akademie zu Wien, die sich von denen der Berliner in dieser Hinsicht nicht eben vortheilhaft zu unterscheiden scheinen [1]), meine Schrift nur sehr verzögert in die Oeffentlichkeit gelangen können. Und da ich besorge, es möchte mein langes Schweigen als Folge einer Verlegenheit, in die mich Ihre Ausführungen versetzt, wenn nicht geradezu als Zugeständniss ihrer Unwiderlegbarkeit gedeutet werden, so veranlasst mich dies, schon heute diesen offenen Brief an Sie zu richten.

Doch auch noch anderes ist, was mich dazu bestimmt. Mit Bedauern sehe ich, dass Sie sich durch das, was ich gesagt, nicht blos nicht überzeugt, sondern auch gekränkt'fühlen. Sie klagen mich an, dass ich, vom „Sachlichen" abschweifend, ins Persönliche falle und mit einer anmaasslich beleidigenden Zuversicht die Ansicht des Gegners verdamme [2]).

Auf solche Vorwürfe, ich bekenne es, war ich nicht gefasst. Denn weder damals, als ich sie schrieb, noch heute, da ich sie überlese, kann ich finden, dass unter meinen missfällig von Ihnen citirten Bemerkungen auch nur eine einzige sei, die nicht die Sache selbst anginge. In den Schriften einer Akademie wäre eine solche Abschweifung nach meiner Ueberzeugung so gänzlich am unrechten Orte gewesen, dass ich, nachdem ich auf Ihren, nun wirklich vom Sachlichen zum Persönlichen sich wendenden Angriff ein Wort der Abwehr zu sprechen genöthigt bin, auch um desswillen mich veranlasst sehe, meiner akademischen Schrift diesen Brief vorangehen zu lassen.

---

1) Meine unmittelbar nach Ostern der kais. Akademie übergebene Abhandlung erschien erst Anfang November.
2) a. a. O. S. 1035.

Wie wenig es aber in meiner Absicht lag, Sie zu beleidigen, davon hätte Sie, dächte ich, schon das Schreiben überzeugen können, mit welchem ich die Ihnen übersandte Abhandlung begleitete, und worin ich den schon früher bei ähnlicher Gelegenheit öffentlich [1]) Ihnen dargebrachten Ausdruck jener Hochachtung wiederholte, welche mit dem Widerspruche gegen ihre Ansichten recht wohl vereinbar ist.

Und auch unabhängig davon, sollte ich meinen, hätten Sie überzeugt sein dürfen, dass mir bei meiner energischen Bestreitung jede gehässige Absicht fremd war. War ich auch nie so glücklich, Ihnen persönlich zu begegnen, so habe ich ja doch wieder und wiederum auch vor den Augen aller den Beweis geliefert, dass ich bei wissenschaftlicher Polemik allein die Sache im Auge habe, indem ich, selbst durch gehässige und höhnische Angriffe dazu herausgefordert, meinerseits nie in die Sprache der Leidenschaft gefallen bin [2]). Wie nun gar sollte mir dies bei einem Manne begegnen, der nie ein kränkendes Wort gegen mich gesprochen, und der als gelehrter Kenner der Geschichte und scharfsinniger Forscher mir ehrwürdig ist?

In Wahrheit, ich begreife, dass es gerade einem solchen am meisten empfindlich sein muss, wenn schwere Irrthümer ihm vorgehalten werden. Aber gerade ihm gegenüber erscheint es andererseits als eine besondere Pflicht, nicht zu schweigen, da die Gefahr einer Verbreitung des Irrthums in

---

1) Psychologie des Aristoteles, insbesondere seine Lehre vom $νοῦς$ $ποιητικός$. 1867. S. 195.

2) Man vergleiche meine Abhandlungen „Die Erkenntnisstheorie des Aristoteles von Dr. Friedrich Ferdinand Kampe" in Ulrici's Zeitschrift LIX S. 219 und LX S. 81 und „Herr Horwicz als Recensent, ein Beitrag zur Orientirung über unsere wissenschaftlichen Culturzustände" in den Philos. Monatsheften IV S. 180 mit den Schriften, auf welche sie sich beziehen.

Folge seines Ansehens am grössten ist. Dieses war — davon sind Sie mit mir überzeugt — der alleinige Grund, wesshalb Aristoteles so oft und entschieden Platon bekämpfte, und dieses — ich darf es mit jedem betheuernden Wort bekräftigen — war auch das einzige, was mich bestimmte, in meiner Abhandlung mit grösstem Nachdrucke auf das Unzutreffende Ihrer Darstellung der wichtigsten Theile der aristotelischen Metaphysik und Psychologie hinzuweisen. Der Aristoteles Ihrer Philosophie der Griechen hat mit dem der Geschichte oft so gut wie nichts gemein. Man erkennt in ihm nicht mehr jenen klaren Verstand, der Jahrhunderten vorleuchtete[1]), und aufrichtig hege ich die Besorgniss, die ich am Schlusse meiner Abhandlung aussprach[2]), dass diejenigen, welchen ein solches Bild von ihm entworfen wird, sich wenig zu seinem Studium hingezogen fühlen dürften. Dies Wort zu sprechen hielt ich für meine Pflicht, und es zu begründen für meine Aufgabe. Es galt, Aristoteles wieder in die ihm gebührenden Ehren einzusetzen, und natürlich konnte ich dies nicht thun, ohne mich kritisch gegen Ihre Entstellungen zu wenden.

Dass mir aber dabei wirklich jede persönlich-feindliche, sowie andrerseits jede ehrgeizige Absicht fremd war, das dürfte auch die ganze Haltung meiner Abhandlung, ja selbst die Wahl des Themas und Ort und Zeit ihres Erscheinens aufs deutlichste beweisen. Lange Jahre hatte ich Ihren zahlreichen Angriffen gegenüber gänzlich geschwiegen, und als ich, von andern dringlich gemahnt, mich endlich entschloss, die Wahrheit nicht länger ohne Vertheidigung zu lassen: da widerstrebte mir die Form der Recension in einer kritischen Zeit-

---

1) Man vgl. m. Kritik der Darstellung der Lehre vom Nus poietikos in Ihrer 2. Aufl. d. Philos. d. Griech. in der Psych. d. Arist. S. 35 f. (S. 36 Z. 4 v. unt. ist hier st. S. 443 Anm. 4 zu lesen: S. 440 Text u. Anm. 4; ebend. Z. 3 v. unt. st. Anm. 1: Text u. Anm. 1.)

2) a. a. O. S. 126.

schrift; ich zog es vor, meine Apologie in den Sitzungsberichten einer Akademie niederzulegen, wo ich naturgemäss nur bei solchem verweilen durfte, was ich nicht schon anderwärts vollständig erwiesen zu haben glaubte. Und doch wäre es mir natürlich gerade bei solchen Puncten oft am leichtesten gewesen, das Misslingen Ihrer abweichenden Interpretation in's volle Licht zu setzen. „In den meisten Beziehungen", heisst es darum S. 97 meiner Abhandlung, „will ich mich einer Entgegnung enthalten. Dem wissenschaftlichen Publicum liegen die beiden Auffassungen vor; die meinige habe ich bereits sorgfältig, ja vielfach, wie es mir scheint, sogar erschöpfend begründet; ich könnte wenig sagen, ohne mich zu wiederholen. So überlasse ich es vertrauensvoll der Zukunft, welche von beiden Anschauungen sich als die richtige bleibend behaupten werde". „Nur in einem Puncte", fahre ich dann fort, „dünkt es mir gut eine Ausnahme zu machen". Und ich bezeichne als solchen diejenige Frage, bei der am meisten die Fäden der Metaphysik und Psychologie sich verschlingen, eine Frage, die an und für sich zu den schwierigsten gehört und zugleich eine solche ist, wo, wie ich nicht zweifeln konnte, hergebrachte Vorurtheile den Argumenten meines Gegners am meisten Vorschub leisten mussten. Es war eben mir, wie einst Leibnitz, nicht das Widerlegen und der Glanz des in voller Klarheit sichtlichen Triumphes, sondern das Darlegen neuer Wahrheit, was mich lockte. Und hier besonders glaubte ich, wie ich auch in meiner Schrift selbst sage, den bereits erbrachten Gründen „manches Weitere zur Bestätigung beifügen" zu können [1]). So liess ich dieses Interesse mit maassgebend werden, obwohl ich recht wohl wusste, dass ich mir die Erreichung meines hauptsächlichen Zieles dadurch nicht unwesentlich erschwerte.

---

1) a. a. O. S. 101.

Es ist wahr, ich habe nicht selten mit voller Zuversicht gesprochen. Aber nicht jede Zuversicht ist Anmaassung. Die Unterwerfung unter ein *αὐτὸς ἔφα* habe ich niemandem zugemuthet. Und sind nicht auch Sie bei Ihren Behauptungen nicht eben allzu skeptisch? Ja weisen nicht gerade Sie, oft ohne auch nur auf die Gründe einzugehen, mit grösster Entschiedenheit fremde Meinungen zurück [1])? Wohl beweist die Zuversichtlichkeit einer Aeusserung noch nichts für ihre Wahrheit. Aber würden wir gut daran thun, dem Unterschied zwischen Meinung und Ueberzeugung keinen Ausdruck mehr zu geben, weil auch die festeste Ueberzeugung sich manchmal als falsch erwiesen hat? Auch irrige Ueberzeugungen haben das Recht sich als solche auszusprechen, und wird eine als Irrthum widerlegt, so ist sie damit noch lange nicht als Anmaassung gebrandmarkt. Schwerlich dürften sonst Sie selbst dem Vorwurfe der Anmaassung auf die Dauer sich entziehen können.

Schon in der Philosophie der Griechen haben Sie einen Hauptbeweis für die Präexistenz des menschlichen Geistes in der Stelle De Anim. III, 5 finden wollen, wo Aristoteles, nachdem er bemerkt hat, der höchste Theil der Seele sei unsterblich und unvergänglich, die Worte beifügt: *οὐ μνημονεύομεν δέ, ὅτι τοῦτο μὲν ἀπαθές, ὁ δὲ παθητικὸς νοῦς φθαρτός, καὶ ἄνευ τούτου οὐθὲν νοεῖ.* Denn wenn Aristoteles nicht an ein früheres Leben geglaubt habe, so sei die Frage,

---

. 1) Wie beispielsweise Philos. d. Griech. II, 2 S. 595, 2: „Den klaren Wortlaut dieser Stellen durch so allgemeine, weder auf der aristotelischen Psychologie, noch auf richtig erklärten Aussprüchen ihres Urhebers beruhende Gründe, wie sie Brentano S. 196 f. beibringt, zu beseitigen, geht natürlich nicht an"; eine Stelle, an welche meine Abhandlung über d. Creat. d. Arist. S. 100 anknüpft.

warum man keine Erinnerung daran habe, von vornherein ausgeschlossen [1]). Aber wenn Sie in dieser Weise das οὐ μνημονεύομεν als Mangel der Erinnerung an das vor der Geburt Erfahrene fassten, so bemerkte ich dagegen, dass eine ganz andere Deutung möglich, ja wahrscheinlich sei. Aristoteles scheine mir hier nur von der bekannten Thatsache zu sprechen, dass eine bereits erworbene Erkenntniss oft wieder verloren geht, um sie mit der Incorruptibilität seines Nus in Einklang zu bringen [2]). Diese meine Interpretation behandeln Sie nun in Ihrer Entgegnung in der verächtlichsten Weise. Es finde sich, sagen Sie, für eine solche Ausdeutung nicht der geringste Anhalt. Sie sei ihrem Urheber sichtlich nur von der Verlegenheit eingegeben, in die ihn die Unvereinbarkeit der richtigen Erklärung mit seiner creatianischen Hypothese versetzt habe. Es bedürfe gar keines Nachweises, dass die Worte dieses nicht besagen könnten. Ja der Satz von der Ewigkeit des Nus habe unmöglich zu dem Einwurf Veranlassung geben können, dass ja doch das Gedächtniss der Vergänglichkeit unterworfen sei, da diese Seelenthätigkeit nach aristotelischer Lehre mit dem Nus gar nichts zu thun habe [3]).

Ich denke, die Zuversicht, mit der Sie hier sprechen und mich verdammen, ist nicht geringer als die, welche ich an irgend einem Orte zur Schau trage. Und doch ist sie eine, wie ich Ihnen jetzt nachweisen will, in jedem Puncte völlig irrthümliche Zuversicht.

Vor allem kann ich Ihnen nicht blos versichern, sondern zufällig auch durch Thatsachen beweisen, dass jene Auslegung mir keineswegs durch eine Verlegenheit eingegeben wurde, in die mich die Unvereinbarkeit Ihrer angeblich richtigen

---

1) Phil. d. Griech. 3. Aufl. II, 2 S. 574, 3.
2) Creat. d. Arist. S. 102.
3) a. a. O. S. 1045 f.

Erklärung mit meiner Hypothese gebracht hatte. Habe ich doch schon in meiner Psychologie des Aristoteles dieselbe Auffassung der Stelle mit Zurückweisung anderer Deutungen als die richtige empfohlen, und dabei meine Polemik gerade gegen solche ältere Commentatoren gekehrt, welche das οὐ μνημονεύομεν auf den Zustand nach dem Tode bezogen, deren Erklärung also mit meinem Creatianismus gewiss vollkommen vereinbar war [1]). Den Versuch das μνημονεύειν auf ein Leben vor der Geburt gerichtet zu denken, berücksichtigte ich dagegen damals mit keinem Worte, weil er mir von allen am wenigsten Schein für sich zu haben dünkte [2]). Eine Furcht, diese Deutung würde mit dem Creatianismus unvereinbar sein, konnte mich dabei aber um so weniger beeinflussen, als gerade Trendelenburg, der doch so wenig wie ich an eine Präexistenz der Seele bei Aristoteles glaubte [3]), sich zu dieser Auffassung bekannt und sie in einfacher Weise mit seiner Gesammtanschauung in Einklang gesetzt hatte. Aristoteles, nahm er an, habe hier zeigen wollen, dass die Lehre von der Wiedererinnerung, selbst Platons Präexistenzlehre vorausgesetzt, immer noch verwerflich bleiben würde [4]). Sehen wir ihn ja wirklich

---

1) Psych. d. Arist. S. 206 Anm. 287.

2) Auch heute scheint mir Ihre Erklärung, von tiefer liegenden Gründen ganz abgesehen, mehr als jede andere unstatthaft. Aristoteles hätte ganz anders, und etwa so argumentiren müssen: οὐ μνημονεύομεν δέ, ὅτι τοῦτο μὲν ἀΐδιον, ὁ δὲ παθητικὸς νοῦς γεννητός, οὗ μόνου ἐστὶ τὸ μνημονεύειν. Denn nicht sowohl die Corruptibilität des Gedächtnissvermögens, als sein späterer Ursprung, also sein gänzlicher Mangel in der Zeit vor der Geburt wäre der Grund, warum wir uns keines früheren Erlebnisses erinnern können. Würde doch seine Vergänglichkeit für sich allein, hier wie anderwärts, wohl eine mangelhafte Erinnerung des einmal wirklich Gewussten, nicht aber sein ausnahmsloses und vollständiges Vergessen zur unausbleiblichen Folge haben.

3) Vgl. die in m. Creat. d. Arist. S. 110, 3 aus seinem Commentar De Anima ausgezogenen Stellen.

4) De Anim. Comm. 1. Aufl. p. 491.

da, wo er Platon und seine Ideenlehre bekämpft, auch sonst oft damit beschäftigt, selbst dem erschlagenen Feinde noch neue tödtliche Wunden beizubringen.

Nicht also als eine von meiner „creatianischen Hypothese" nothwendig geforderte, wohl aber als die bei weitem natürlichste, nächstliegende und durch eine Parallelstelle [1]) gesicherte Erklärung schien mir die, welche ich gab, vor jeder andern den Vorzug zu verdienen. Der Wortlaut gestattet sie recht wohl. Denn warum sollte οὐ μνημονεύομεν δέ nicht heissen können: „wir vergessen aber", „wir verlieren aber etwas aus dem Gedächtniss", oder vielmehr: „es kommt aber vor, dass wir etwas aus dem Gedächtniss, aus der Erinnerung verloren haben"? wie etwa auch gesagt werden könnte: ἀπατώμεθα δέ „wir irren aber", „wir fallen in Täuschungen" im Sinne von „es kommt aber vor, dass einer in Irrthum fällt". Es zeugt, scheint mir, von wenig Unbefangenheit des Urtheils, wenn Sie eine solche, Ihnen missliebige Deutung schon um des Wortlautes willen als unmöglich verwerfen, da sie vielmehr dem Wortlaute nach ganz augenscheinlich möglich ist.

Wenn sie aber nach Ihnen schlechterdings nicht in den Zusammenhang der Lehre passt, so zwar, dass Sie sagen: „der Satz von der Ewigkeit des Nus konnte nicht zu dem Einwurf Anlass geben, das Gedächtniss sei doch der Vergänglichkeit unterworfen", so mag dies unter Voraussetzung Ihrer Auslegung des fünften Capitels und Ihrer Auffassung des aristotelischen Nus überhaupt zwar richtig sein, spricht aber dann nicht gegen mich, sondern gegen Ihre gesammte Darstellung der betreffenden Lehre. Denn wäre dem so, wie Sie sagen, so hätte ja offenbar nicht blos nicht Aristoteles,

---

1) De Anim. I, 4. 408 b 24.

sondern auch nicht Theophrast durch den Satz von der Ewigkeit des Nus sich veranlasst finden können, den Einwurf zu erheben. Doch dieser wenigstens erhebt ihn an einer Stelle, die Ihnen nicht unbekannt sein dürfte, wirklich, und zwar nachdem er eben gesagt, der Nus poietikos sei unerzeugt und incorruptibel, in folgenden unzweideutigen Worten: „Wenn er nun in uns ist, warum bethätigt er sich nicht immer? oder woher kommt Vergessen und Täuschung und Irrthum? Oder trägt daran die Mischung Schuld" [1])? — Werden Sie hier das „Vergessen" sammt der „Täuschung" und dem „Irrthum" vielleicht auch auf ein Leben vor der Geburt beziehen wollen? Ich denke, Sie erkennen selbst, dass dies sowohl aus andern Gründen als insbesondere darum unmöglich ist, weil nach Ihrer Auffassung in Bezug auf das frühere Leben zwar von einem Sich-nicht-erinnern, nicht aber von einem Vergessen die Rede sein könnte. Denn weder der Nus pathetikos kann vergessen, was er nie gewusst, noch kann dem Nus poietikos etwas aus der Erinnerung schwinden, da ja nach Ihnen hier überhaupt von einem Sich-erinnern keine Rede sein soll [2]). So würde sich denn kaum jemand finden, der Ihnen bei solcher Erklärung hier noch die Heerfolge leisten möchte. Wie aber liesse sich dann noch leugnen, dass, was Theophrast gethan, auch Aristoteles selbst gethan haben konnte? Hat es doch sogar alle Wahrscheinlichkeit für sich, dass Theophrast hier nicht viel mehr that, als die bei Aristoteles gefundene Aporie in andern Worten reproduciren. Und

---

1) Theophr. bei Themist. De Anim. f. 91: εἰ μὲν οὖν σύμφυτος ὁ κινῶν, καὶ εὐθὺς ἐχρῆν καὶ ἀεί (sc. κινεῖν)· εἰ δὲ ὕστερον, μετὰ τίνος καὶ πῶς ἡ γένεσις; ἔοικεν οὖν καὶ ἀγέννητος, εἴπερ καὶ ἄφθαρτος. ἐνυπάρχων δ' οὖν, διὰ τί οὐκ ἀεί; ἢ διὰ τί λήθη καὶ ἀπάτη καὶ ψεῦδος; ἢ διὰ τὴν μῖξιν;

2) Lehre des Arist. von der Ewigk. d. Geist. S. 1046.

so dürfte sich denn wirklich Ihre Zuversicht hier in allen Puncten als eine irrige erwiesen haben.

Einer Anmaassung aber möchte i c h wenigstens Sie darum nicht beschuldigen. Nur möchte ich dann auch mir selbst den Vorwurf der Anmaassung verbitten, wenn ich das, was ich vollkommen erwiesen zu haben glaube, auch in zuversichtlichen Worten auszusprechen keinen Anstand nehme.

Dass aber hiebei mein Glaube nicht immer ein so unberechtigter ist, als der Ihrige in dem eben besprochenen Falle, das erlaube ich mir — im übrigen nochmals auf die versprochene akademische Abhandlung verweisend — auch hier schon probeweise gerade für jene beiden Stellen darzuthun, welche Sie wegen ihres anmaassenden Tones vor allen andern an den Pranger stellen wollten.

Die eine betrifft Met. *Α*, 3, wo, wie ich sagte, die Präexistenz des Nus deutlich geleugnet wird; die andere den von mir erbrachten Nachweis, dass Aristoteles Gott nicht blos als Endursache, sondern auch als wirkende Kraft die Welt bewegen lässt.

Im dritten Capitel des zwölften Buches der Metaphysik (einer Stelle, die Sie, Ihrer gewohnten Umsicht entgegen, in der Philosophie der Griechen ganz unbeachtet gelassen hatten) bespricht Aristoteles die Frage, ob die Form vor dem von ihr Verursachten existire oder nicht, und entscheidet sie negativ, indem er den Gegensatz, der in dieser Hinsicht zwischen formalem und wirkendem Princip besteht, hervorhebt: τὰ μὲν οὖν κινοῦντα αἴτια ὡς προγεγενημένα ὄντα, τὰ δ' ὡς ὁ λόγος ἅμα. ὅτε μὲν γὰρ ὑγιαίνει ἄνθρωπος, τότε καὶ ἡ ὑγίειά ἐστιν, καὶ τὸ σχῆμα τῆς χαλκῆς σφαίρας ἅμα καὶ ἡ χαλκῆ σφαῖρα [1]).

---

1) Met. *Α*, 3. 1070 b 21.

Da diese Worte allgemein sprechen, so könnte einer, wie ich in meinem Creat. d. Arist. S. 108 bemerke, sich für berechtigt halten, schon aus ihnen ohne weiteres den Schluss zu ziehn, dass nach Aristoteles auch die Seele, und somit der Nus, der ja ein Theil von ihr ist, nicht präexistirt habe; denn die Seele werde von ihm unter die Formen gerechnet. Doch würde, füge ich bei, ein solcher Schluss nicht die volle Sicherheit gewähren. Man könnte mit einiger Wahrscheinlichkeit sagen, dass Aristoteles bezüglich der menschlichen Seele und ihres Nus wohl eine Ausnahme gemacht haben möge, die er nur hier zu erwähnen versäume. Denn in der That hat nach ihm die menschliche Seele etwas Eigenthümliches, was sie von den Formen anderer lebendiger Körper sehr wesentlich unterscheidet. Ihre höheren Thätigkeiten sind keine organischen Functionen, und auch sie selbst ist darum in ihrer Existenz nicht gänzlich an den Leib gebunden, sondern ihrem höchsten Theile nach unsterblich. So ist offenbar auch gegen ihre theilweise Präexistenz vieles von dem nicht geltend zu machen, was die Präexistenz anderer, ganz in die Materie versenkter Formen unmöglich erscheinen lässt.

Also die oben citirten Worte für sich allein würden, wie ich schon a. a. O. ausdrücklich anerkannte, es wirklich nicht ganz undenkbar erscheinen lassen, dass Aristoteles in seinem allgemeinen Ausspruch die menschliche Seele, beziehungsweise ihren Nus, nicht einbegreifen wollte. Einen sicheren Schluss gegen die Präexistenz desselben würden sie uns kaum gestatten.

„Allein das unmittelbar Folgende", sage ich weiter a. a. O., „macht eine solche Ausflucht unmöglich, indem Aristoteles ausdrücklich auf die menschliche Seele und ihren unsterblichen Theil zu sprechen kommt. Er fährt nämlich fort: »Ob aber nach dem Untergange eines Dinges seine Form erhalten bleibe, muss untersucht werden; denn bei einigen steht dem nichts im Wege, wie wenn die Seele ein solches ist, nicht die ganze, aber der Nus, denn für die ganze ist es vielleicht nicht möglich«. (εἰ δὲ καὶ ὕστερόν τι ὑπομένει, σκεπτέον· ἐπ' ἐνίων γὰρ οὐθὲν κωλύει, οἷον εἰ ἡ ψυχὴ τοιοῦτον, μὴ πᾶσα ἀλλ' ὁ νοῦς· πᾶσαν γὰρ ἀδύνατον ἴσως.) Das sind Worte, die jeden vernünftigen Widerspruch verstummen machen. Aristoteles scheidet ganz deutlich die Fragen nach der Präexistenz und Postexistenz der Form; ihre Präexistenz wird ganz allgemein verworfen, in Bezug auf die Postexistenz dagegen ein Ausnahmefall statuirt, indem auf die Unsterblichkeit des Nus hingewiesen wird. Also subsumirt Aristoteles aufs unzweideutigste auch den Nus dem allgemeinen Satze, wonach keine Form vor dem von ihr Verursachten Bestand hat, mit andern Worten, er leugnet, dass der Nus präexistirt habe".

Da haben wir das Ganze einer Interpretation vor uns, aus welcher Sie die Worte, es müsse hier jeder Widerspruch verstummen, als Beweis meiner Anmaassung herausgehoben haben [1]). Dass aber meine Aeusserung in diesem Zusammenhang anmaassend klinge, darf ich wohl mit Fug in Abrede stellen. Ja wenn ich den Text des Aristoteles lese, so möchte ich sie heute wiederholen, wenn nicht die Rücksicht auf Ihre Abhandlung es mir verbieten würde. Denn da Sie dort, auf Grund einer von allen mir vorgekommenen Uebersetzungen und Interpretationen abweichenden Deutung der Worte, nun factisch Widerspruch erhoben haben, würde es unfreundlich sein, diese Einsprache als unvernünftig zu bezeichnen. Nicht ob Ihr Widerspruch vernünftig, wohl aber ob er berechtigt, ob er bei genauer Erwägung sachlich möglich sei, möchte ich im Folgenden einer Untersuchung unterwerfen.

---

1) a. a. O. S. 1035.

Sehen wir zunächst, worin wir einig sind. Sie erkennen mit mir an, dass Aristoteles hier von den individuellen Formen spreche[1], und dass er zu diesen auch die Seelen, und insbesondere jede Menschenseele rechne, von welcher der Nus des Menschen einen Bestandtheil bildet[2]).

Trotzdem, meinen Sie, habe Aristoteles, indem er die Präexistenz der individuellen Formen vor den Dingen, deren Formen sie sind, allgemein in Abrede stellte, die Präexistenz des Nus nicht geleugnet. Denn 1) sei der Nus nach dem eben Gesagten nicht die Form, sondern nur ein Bestandtheil der Form; und 2) sei er auch dies erst seit seiner Vereinigung mit den übrigen Theilen der Form in dem entwickelten Fötus; vorher habe er zwar als Nus, nicht aber als Form oder Theil der Form des Menschen bestanden. Er sei also zwar gewesen, aber er sei noch nicht Form oder Theil der Form des Menschen gewesen, und dies letztere sei das einzige, was die Worte des Aristoteles ausschlössen. Die κινοῦντα, sage Aristoteles, seien Ursache als vorher vorhandene Dinge[3]), die Formen seien es als zugleich bestehende. Dass sie, oder Theile von ihnen, vielleicht vorher bestanden haben, bleibe davon unberührt, denn sie hatten dann eben noch nicht als formale

---

1) a. a. O. S. 1048. Nur beiläufig bemerke ich, um nicht den Schein einer weitergehenden und auch auf Irrthümer bezüglichen Uebereinstimmung zu erwecken, dass, wenn Sie hier in der Begründung sagen: „die individuelle Form bezeichnet nur die Art der Zusammensetzung und Bewegung des Stoffes, aus dem dieses Ding besteht; sie entsteht dadurch, dass sich das immaterielle εἶδος, das Wesen einer bestimmten Gattung mit einem gegebenen Stoffe verbindet", diese Aeusserung in beiden Theilen falsch ist. Was den letzten Punct betrifft, so hat 1) die individuelle Form nach Aristoteles gar kein solches Entstehen (vgl. Met. $\varLambda$, 3. 1069 b 35), und 2) kann etwas Allgemeines nach ihm nie Element und Ursache von etwas Individuellem sein (vgl. Met. $\varLambda$, 1. 1069 a 23, 4. 1070 b 4 u. 5. 1071 a 20).

2) a. a. O. 1048 f.
3) a. a. O. 1048 Anm. 1.

Ursachen bestanden. In Bezug auf Präexistenz und Postexistenz sei darum auch gar kein Unterschied zu machen. Denn „so wenig man wegen der Präexistenz des Nus sagen könnte, die Form des Menschen habe früher existirt, eben so wenig könnte man wegen der Unsterblichkeit des Nus behaupten, sie habe seinen Untergang überlebt". So sage denn auch Aristoteles ganz vorsichtig nicht, dass die Form, sondern etwas (von der Form des Menschen) übrig bleibe, wie er denn ebenso hätte sagen können, nicht zwar dass die Form, wohl aber dass etwas von der Form vor der Entstehung des Menschen existirt habe[1]).

Das also ist die scharfsinnige Weise, in welcher Sie sich einem, wie es mir schien, erdrückenden Argumente gegenüber zu vertheidigen suchen.

Doch wenn es überhaupt Fälle gibt, wo alles Aufgebot des Scharfsinns nichts mehr fruchtet, so dürfte dieser dazu zu rechnen sein. Es ist kein Wunder, wenn von allen früheren Interpreten, so viele ich ihrer zur Hand genommen habe, kein einziger auf Ihre Auslegung verfallen ist[2]); denn sie ist schlechterdings unzulässig, und zwar aus einem dreifachen Grunde.

1. kann $τὰ\ μὲν\ κινοῦντα\ αἴτια\ ὡς\ προγεγενημένα\ ὄντα$ nicht heissen: „die $κινοῦντα$ sind Ursache als vorher vorhandene Dinge"[3]). Denn dies ist nach aristotelischer Lehre geradezu

---

1) a. a. O. S. 1049.
2) Vgl. z. B. das Scholion (des Pseudo-Alexander) bei Brandis in der Becker'schen Ausg. IV, 800 b 30—45; die alte lateinische Uebersetzung des W. v. Mörbeka; den Commentar des Thomas Aqu. in libr. Metaph. XII lect. 3. (in der Parmaner Ausgabe von 1860 tom. XX p. 626 b.); die lateinische Uebersetzung von Bessarion in der Becker'schen Ausg. III, 524 b 22; den Comment. Analyt. in libr. De Anim. von Julius Pacius III, 6 § 5 (vgl. m. Creat. d. Arist. S. 18, 4); die Uebersetzung von Schwegler; den Commentar zur Metaphysik von Bonitz II, 478 u. s. w.
3) Zeller a. a. O. S. 1048, 1.

falsch. Die wirkende Ursache kann nach ihr wohl vorher sein, aber (wenn anders es sich um unmittelbare Verursachung handelt) nicht vorher Ursache sein, ehe die Wirkung eintritt [1]). Somit kann dies auch von Aristoteles hier nicht ausgesprochen werden [2]). Er kann vielmehr nur sagen wollen, dass die wirkende Ursache, ehe sie Ursache werde, oft — denn nicht immer und nothwendig ist es der Fall [3]) — schon zum Seienden gehört habe, während dies bei der Form nie vorkomme. Aristoteles leugnet also nicht blos, dass eine Form schon vorher als (formale) Ursache sei (denn damit wäre noch kein Unterschied gegenüber den wirkenden Ursachen gesetzt), sondern dass sie überhaupt als das, was sie selbst ist, vorher existire.

2. Dies bestätigen auch die erläuternden Beispiele. Aristoteles sagt nicht: ὅτε γὰρ ὑγιαίνει ὁ ἄνθρωπος, τότε ἡ ὑγίεια αἴτιόν ἐστιν, sondern: τότε καὶ ἡ ὑγίειά ἐστιν, und fährt fort, indem er das zweite Beispiel beifügt: καὶ τὸ σχῆμα

---

1) Vgl. Phys. III, 3. 202 a 18. Metaph. K, 10. 1066 a 28, und was ich in m. Mannichfachen Bedeutung des Seienden nach Aristoteles (1862) in dem Capitel über die Kategorien § 10 S. 133 bemerkt habe. Daher sagen die christlichen Aristoteliker, welche die Lehre des Aristoteles von der Ewigkeit der Welt aufgeben, obwohl sie Gott und seinen Willen zu schaffen ewig glauben, der Name »Schöpfer« komme Gott nicht von Ewigkeit zu; Ursache der Welt ist er nach ihnen nicht von Ewigkeit. (Vgl. Thom. Aquin. Summ. Theol. I^a q. 13 a. 7.)

2) Auch grammatisch scheint Ihre Uebersetzung unzulässig: αἴτια muss zum Subject, und zwar des Vorder- wie Nachsatzes, gehören, um in diesem die Worte τὰ δ' ὡς ὁ λόγος (αἴτια) zu ergänzen.

3) Die Mondfinsterniss z. B., welche durch die Dazwischenkunft der Erde bewirkt wird (vgl. Anal. post. II, 12. 95 a 14), tritt nach Aristoteles, der die zeitliche Fortpflanzung des Lichtes nicht kennt, gleichzeitig damit ein. Daher ja auch die Möglichkeit einer Bewegung und Schöpfung von Ewigkeit. Vgl. m. Creat. d. Aristot. S. 121. Psychol. d. Arist. S. 234 ff.

τῆς χαλκῆς σφαίρας ἅμα καὶ ἡ χαλκῆ σφαῖρα. Entschieden wäre darum auch das schon gegen den Sinn des hier ausgesprochenen allgemeinen Princips, wenn die ὑγίεια oder das σχῆμα τῆς σφαίρας vor dem ὑγιής und vor der σφαῖρα, nur für sich und nicht als αἴτιον des ὑγιής oder der σφαῖρα, bestanden hätte. Dasselbe wird dann aber von jeder andern Form, also auch von der Seele gelten müssen. Also nicht blos die Leugnung der Präexistenz der Seele als Seele (als Form des Lebendigen), sondern auch der Präexistenz der Seele als dessen, was sie an sich ist, erscheint in dem Satze involvirt. Und dieses findet

3. nun auch noch in dem unmittelbar Folgenden seine Bestätigung und Bekräftigung, indem hier zugleich ersichtlich wird, dass Aristoteles keinerlei Ausnahme von seinem Gesetze gemacht, dass er weder ganz noch theilweise irgend eine Form als Seiendes dem Geformten präexistirend gedacht hat. Denn wäre Ihre Auffassung richtig, und hätte Aristoteles sagen wollen, die wirkende Ursache verursache als vorher bestehend, die Form aber nur als zugleich bestehend, ohne damit ausschliessen zu wollen, dass sie oder etwas von ihr als solches schon vorher bestanden habe: so hätte er naturgemäss so fortfahren müssen: „Ob aber dessenungeachtet sie oder etwas von ihr schon vorher bestanden habe, das muss untersucht werden, wie denn vielleicht die Seele ein solches ist, nicht die ganze, aber der Nus u. s. w." [1]). Das thut er aber nicht. Nicht von der Präexistenz des Nus an sich spricht er und legt dagegen Verwahrung ein, dass mit der Präexistenz des Nus als Form oder Bestandtheil der Form auch jene geleugnet werde, sondern seine Verwahrung richtet sich

---

1) Statt *εἰ δὲ καὶ ὕστερόν τι ὑπομένει* müsste es heissen: *εἰ δὲ καὶ πρότερόν τι ἦν*, oder vielmehr: *εἰ δ' ὅμως ἤδη πρότερόν τι ἦν*, um jene scharfe Unterscheidung auszudrücken.

einzig und allein gegen diejenigen, welche etwa mit der Präexistenz auch die Postexistenz der Seele geleugnet glaubten, während er den Nus für unsterblich hält. Dies deutet doch wohl klar genug auf einen Unterschied zwischen dem Früher und Später. Völlig unerklärlich bliebe es ja nach Ihrer Auffassung, wie Aristoteles, im Gegensatze zu dem, was er bezüglich der Vergangenheit gesagt, nun plötzlich von der Zukunft, mit der das ganze Capitel sonst nichts zu thun hat, sprechen konnte, da, wie Sie selbst ganz richtig hervorheben, zwischen dem präexistirenden und postexistirenden Nus hinsichtlich seiner Zugehörigkeit zur Form gar kein Unterschied bestehen würde [1]).

Dies gilt im Besonderen, wenn, wie Sie lehren, der aristotelische Nus nicht blos schon im Samen des Vaters, sondern von Ewigkeit präexistirt hatte, wie er auf der andern Seite in alle Ewigkeit fortbestehen wird. Denn hätte er (was vielleicht eher sich vertheidigen liesse) nach Aristoteles nicht zwar, wie bei den Scholastikern, erst am Abschlusse der fötalen Entwickelung, aber doch nur um weniges früher im Samen des Vaters seinen Anfang genommen; wäre er in diesem zum Zwecke der Bildung eines neuen Menschen vom Schöpfer hervorgebracht worden: dann allerdings begriffe es sich vielleicht, warum Aristoteles hier dieses Minimum von Präexistenz neben seiner ewigen und ungleich bedeutungsvolleren Postexistenz vernachlässigen konnte. Nun aber haben Sie sich durch Ihre Leugnung der Schöpfung überhaupt und durch Ihre Behauptung der Ewigkeit des Nus auch diese letzte Ausflucht abgeschnitten.

Es ist also, denke ich, ein in jeder Beziehung wohlbegründetes Urtheil, wenn ich, im Einklange mit allen mir be-

---

1) a. a. O. S. 1049.

kannten früheren Erklärungen, die von Ihnen versuchte Auslegung, mit aller Anerkennung für die dabei bekundete feine Unterscheidungsgabe, als völlig unstatthaft zurückweise.

Nicht das gleiche Lob konnte ich Ihnen in Betreff einer andern Unterscheidung spenden, die ich schon in meinem Creat. d. Aristot. einer Kritik unterworfen habe. Es geschah dies an jener oben erwähnten, zweiten Stelle, wo ich durch meinen zuversichtlichen Ton Ihr besonderes Missfallen erregte [1]), indem ich den von mir in der „Psychologie des Aristoteles" erbrachten Nachweis, dass der aristotelische Gott nicht blos als Endursache, sondern auch als wirkendes und wirkungskräftiges Princip im eigentlichen Sinne zu bezeichnen sei, als unumstösslich aufrecht hielt.

Es ist wahr, dass ich hier mit der höchsten Zuversicht spreche. „Ich glaube", heisst es, „dass der erbrachte Beweis [2]) für jede entgegengesetzte Auffassung vollständig vernichtend ist. Trendelenburg hat mir seine volle Zustimmung zu dem in der Beilage Gesagten noch wenige Jahre vor seinem Tode brieflich ausgesprochen [3]). Zeller aber, der sich auch hier abwehrend verhalten möchte, sieht sich zu einer Unterscheidung gedrängt, die, wenn je eine der berüchtigten Distinctionen der späten Scholastik, eine geradezu verzweifelte zu nennen ist". Und nun lasse ich die Stelle folgen, worin Sie unter anderem sagen, es sei nicht zutreffend, wenn ich die Behauptung bestreite, dass der aristotelische Gott „nur die Zweckursache

---

1) Creat. d. Arist. S. 118. Zeller a. a. O. S. 1035 f.

2) Nämlich in der Beilage „Von dem Wirken, insbesondere dem schöpferischen Wirken des aristotelischen Gottes" am Ende meiner Psych. d. Arist. S. 234—250.

3) Womit ich mich nicht rühmen will, ihn erst zu solcher Ueberzeugung bekehrt zu haben, vgl. vielmehr Creat. d. Arist. S. 110, 3.

des Seienden sei" und „dass ihm ein Wirken überhaupt nicht zukomme". Denn Sie hätten nicht behauptet, dass der aristotelische Gott nur „die Zweckursache des Seienden sei", wohl aber, dass er „wirkende Ursache sei, nur weil er Zweckursache ist", und hätten nicht gesagt, Gott wirke gar nicht auf die Welt, sondern nur, er wirke darauf „nicht unmittelbar, sondern mittelbar".

Das also ist die Distinction, über deren Verunglimpfung Sie sich beklagen.

Schmeichelhaft, das muss ich bekennen, klingen nun allerdings meine Worte nicht. Doch glaube ich auch heute noch den Werth Ihrer Distinction nicht über Gebühr herabgesetzt zu haben. Vielleicht dass eher jene vielgetadelten Scholastiker sich ob dem Vergleich beklagen dürften; denn nicht alle ihre übersubtilen Unterscheidungen sind so offenbar nichtig, wie die, zu welcher Sie hier in Ihrer Bedrängniss greifen.

Oder hatte ich kein Recht, an Ihre zuletzt citirten Worte, nach Aristoteles wirke Gott auf die Welt nicht unmittelbar, sondern mittelbar, die Bemerkung zu knüpfen: „Ob er aber nach ihm gar nicht unmittelbar wirke und doch mittelbar, oder ob er zwar unmittelbar wirke, aber auf etwas anderes als die Welt, — in Bezug auf diese interessante Frage gibt er (nämlich Zeller) uns nicht die leiseste Andeutung" — ? Auch in Ihrer jüngsten Schrift haben Sie gegenüber diesem Dilemma nicht Stellung genommen. Und eine Antwort ist ja auch unmöglich, ohne dass sofort in dem Bekenntniss, dass er unmittelbar gar nicht wirke, sondern nur als Zweck das unmittelbar Wirkende bewege, die ganze Distinction in ihrer Nichtigkeit offenbar würde.

Und hatte ich nicht ebenso Recht, wenn ich argumentirte: „Zeller will also nicht behauptet haben, dass der aristotelische Gott »nur die Zweckursache des Seienden sei«, wohl aber, dass er »wirkende Ursache sei, nur weil er Zweckursache ist«, d. h. offenbar nur insofern er Zweckursache ist; er wäre also dennoch nur Zweckursache, und wirkende Ursache nur in einem Sinne, in welchem es Zeller hier gefällt den Ausdruck zu gebrauchen, den aber weder Aristoteles, noch meines Wissens ein anderer Philosoph bisher jemals mit dem Worte verbunden hat" —? Sagen Sie doch auch in Ihrer jüngsten Schrift wieder: „Gott bewirkt ihm (nämlich Aristoteles) zufolge die Bewegung der Welt dadurch, dass er als das ἄριστον das Ziel ist, nach dem alles hinstrebt"[1]), d. h. doch offenbar nichts anderes als: er bewirkt sie als Zweck, oder vielmehr, eigentlich gesprochen: er bewirkt sie nicht, sondern ist der Zweck, um desswillen anderes die Bewegung der Welt hervorbringt. Denn wann (ich muss die Frage wiederholen) hätte je ein Philosoph den terminus „wirken" in diesem Sinne verwendet? — Weder Aristoteles hat dies jemals gethan, noch irgend ein anderer, so weit ich in die Geschichte zurückblicke.

Sie werden vielleicht darauf antworten: Ein anderer vielleicht nicht, Aristoteles aber sicher; denn er spricht von einem ποιεῖν der Gottheit, während sie nach ihm doch nur in der eben beschriebenen Weise Ursache ist. Aber das ist gerade, was ich bestritten habe, und mit Gründen, die schlechterdings entscheidend sind, wenn Sie auch keinen Anstand nehmen zu sagen, dass ich „das, was bewiesen werden sollte, eben nur behaupte"[2]). Heisst das blos behaupten, wenn ich schon in der Beilage zu meiner Psychologie des Aristoteles eine ganze Fülle von Stellen anführe, in welchen er nicht blos sagt, Gott wirke (ποιεῖ), sondern (wie Top. IV, 5[3])) Gott habe

---

1) a. a. O. S. 1051, 3.
2) a. a. O. S. 1051, 3.
3) 126 a 34.

die Macht Böses zu thun, nur wolle er sie nicht gebrauchen (δύναται ὁ θεὸς τὰ φαῦλα δρᾶν), und, jede Kraft sei etwas Begehrenswerthes, darum habe auch der Gott die Fähigkeit schlecht zu handeln (πᾶσα δύναμις τῶν αἱρετῶν,.. διὸ καὶ τὸν θεὸν καὶ τὸν σπουδαῖον.. φαμὲν.. δυνατοὺς.. εἶναι τὰ φαῦλα πράσσειν), oder (wie Metaph. Λ, 6 [1]), ein Gott ohne active Kraft genüge nicht, es müsse eine Kraft in ihm sein, Umwandlungen hervorzubringen (εἰ μή τις δυναμένη ἐνέσται ἀρχὴ μεταβάλλειν), und er müsse diese wirklich bethätigen (εἰ γὰρ μὴ ἐνεργήσει, οὐκ ἔσται κίνησις)? wozu dann noch viele andere, nicht minder unzweideutige und, jeder für sich schon, entscheidende Aussprüche der Physik, der Schrift De Generatione et Corruptione und der verschiedensten andern Werke des Aristoteles hinzukommen. Ich sehe nicht ein, warum ich sie hier alle nochmals aufführen sollte, da Sie und jeder dem es beliebt sie in meiner Psychologie des Aristoteles zusammengestellt und soweit nöthig analysirt finden können.

Doch will ich noch bei einer Stelle verweilen, welche ich in meinem Creat. d. Arist. dazu nachgetragen habe. Sie gehen über sie und die andern Nachträge, die ich hier gemacht, mit der Bemerkung, dass ich „nur Unerhebliches hinzugefügt" habe, hinweg [2]). Und ich selbst — der sonst so grossthuerisch spricht — bezeichne sie als blosse „Kleinigkeiten" [3]). Aber eine Kleinigkeit ist dieser Nachtrag nur im Verhältniss zu dem bereits in der Psychol. d. Aristoteles Gegebenen. An und für sich dagegen ist er von solcher Bedeutung, dass diese Stelle allein Ihre Auffassung der aristotelischen Gotteslehre zur Unmöglichkeit machen dürfte.

---

1) 1071 b 12.
2) a. a. O. S. 1053.
3) a. a. O. S. 117.

Metaph. *A*, 7 ¹) führt nämlich Aristoteles aus, dass der Gott unkörperlich, ohne räumliche Ausdehnung sein müsse. Denn alles Ausgedehnte sei begrenzt; Gott könne aber nicht begrenzt, er müsse unendlich sein, da er ohne Unterbrechung eine unendliche Zeit bewege, wozu eine unendliche Kraft erfordert werde (δέδεικται δὲ καὶ ὅτι μέγεθος οὐθὲν ἔχειν ἐνδέχεται ταύτην τὴν οὐσίαν, ἀλλ᾽ ἀμερὴς καὶ ἀδιαίρετός ἐστιν. κινεῖ γὰρ τὸν ἄπειρον χρόνον, οὐθὲν δ᾽ ἔχει δύναμιν ἄπειρον πεπερασμένον). Da darf ich Sie doch wohl fragen: Spricht Aristoteles auch hier von einem Bewegen in dem Sinne, in welchem eine Zweckursache bewegt? Trauen Sie wirklich Aristoteles die Meinung zu, dass das lange Zwecksein ermüde? — Wahrhaftig! dann müsste er sich den göttlichen Weltzweck wie das Modell eines Malers oder Bildhauers gedacht haben, das allerdings von zu langem Sitzen angestrengt wird. Doch der Gedanke an eine blosse Zweckursache ist ja schon durch den Ausdruck „Kraft" (δύναμις) ausgeschlossen.

Freilich wiederholen Sie in Ihrer jüngsten Auflage der Philos. d. Griech., trotz meiner Widerlegung in der Psychologie des Aristoteles, Ihre alte Behauptung, dass Aristoteles an anderen Stellen, wie Eth. Nik. X, 8, Gott jede direct auf die Welt gerichtete Thätigkeit abspreche, indem er ihm ein rein theoretisches Leben zuschreibe, seine Thätigkeit in der Erkenntniss seiner selbst ganz aufgehen lasse. Aber unter jenen „Kleinigkeiten", über die Sie als etwas „nur Unerhebliches" hinweggehen, findet sich auch folgende Bemerkung: „Zu beachten ist besonders, dass Aristoteles in der Nikomachischen Ethik, nachdem er im zehnten Buche Capitel 7 und 8 erklärt hat, das theoretische Leben sei das beste als das dem Leben Gottes ähnlichste, der nicht ein

---

1) 1073 a 5.

poietisches oder praktisches, sondern ein theoretisches Leben führe, — sogleich im folgenden (neunten) Capitel[1]) und mit deutlicher Beziehung auf die soeben gegebenen Erörterungen erklärt, dass die Götter den dem theoretischen Leben sich Ergebenden und so das ihnen Verwandte Pflegenden gewiss eine besonders liebevolle Fürsorge zuwenden und ihnen zum Lohne Wohlthaten erweisen werden ($\dot{α}ντευποιεῖν$), so dass auch aus diesem Grunde das contemplative Leben das glückseligste sei. Unmöglich konnte er dies thun, wenn das früher Gesagte einen Sinn hatte, der jede Fürsorge und jede Werkthätigkeit der Gottheit ausschloss"[2]).

Wo solche Gründe vorliegen, kann doch wohl nicht mehr von anmaasslicher Zuversicht die Rede sein, wenn ich sage, dass „meine Auffassung von Eth. Nikom. X, 8 trotz dem, was Zeller S. 369 dagegen einwendet, die einzig mögliche ist"[3]).

Allerdings erscheint Ihre Darstellung der aristotelischen Gottes- und Seelenlehre bei mir nicht in günstigem Lichte. Aber es ist doch nicht meine Gehässigkeit, sondern es sind die Thatsachen selbst, die sie in diesem Lichte erscheinen lassen. Es zeigt sich eben, dass das Licht der vollen Wahrheit für sie die mindest günstige Beleuchtung ist.

Eine Entstellung Ihrer Lehre oder Ihrer Argumente habe ich mir nirgends erlaubt. Auch haben Sie selbst einen solchen Vorwurf, so weit ich sehe, nur ein einziges Mal erhoben: da, wo ich sage, dass Sie, um meine Lehre vom $νοῦς\ ποιητικός$ und $νοῦς\ δυνάμει$ des Widerspruchs zu überführen, an einer Stelle De Anim. III, 5 das entscheidende Wort „allein" einfach eingeschoben hätten, „was", sagen Sie, „denn doch an-

---

1) 1179 a 22.
2) a. a. O. S. 118 Anm.
3) a. a. O. S. 120.

gesichts der Worte: τοῦτο μόνον ἀθάνατον καὶ ἀΐδιον etwas stark ist"[1]). So stände ich denn beinahe wie ein Lügner da. Und doch ist das, was ich sagte, die Wahrheit. Denn nicht blos in dem Satze: τοῦτο μόνον ἀθάνατον καὶ ἀΐδιον, welcher sich 430 a 23 findet, und wo, wie Ihnen nicht unbekannt war, meine Auslegung ebenso wie die Ihrige das μόνον verlangt, sondern auch in dem zwischen uns entscheidenden Satze: καὶ οὗτος ὁ νοῦς χωριστὸς καὶ ἀπαθὴς καὶ ἀμιγὴς τῇ οὐσίᾳ ὢν ἐνέργεια (430 a 17), haben Sie dem μόνον eine Stelle angewiesen, indem Sie diesen Satz mit dem andern unberechtigt in eines fassten[2]). Wenn also einer, so könnte eher ich als Sie hier den Vorwurf der Entstellung erheben.

Und leider habe ich auch anderwärts über solche zu klagen. So namentlich, wenn Sie meinen Beweis für den göttlichen Ursprung des Nus aus den Stellen De Anim. III, 5. 430 a 19 und 7. 431 a 1[3]) in Ihrer Abhandlung[4]) in einer Weise reproduciren, die ihn zu einer lächerlichen petitio principii macht. Es hat Ihre Wiedergabe mit meiner Ausführung so wenig Aehnlichkeit, wie Ihre Reproduction der Nuslehre selbst mit dem, was man De Anim. III, 4 und 5 bei Aristoteles findet. Nur hätte ich geglaubt, dass ich wenigstens deutlich genug gesprochen habe, um nicht so gänzlich missverstanden zu werden.

Und auch das hätte ich geglaubt, dass meine Exegese von

---

1) a. a. O. S. 1043, 1.
2) Philos. d. Griech. 3. Aufl. II, 2 S. 577, 2. Aristoteles sage: „der thätige Nus allein sei χωριστὸς, ἀπαθὴς, ἀμιγὴς (vgl. 430 a 17), ἀθάνατος, ἀΐδιος" (vgl. 430 a 23, wo nach meiner und anderer Exegeten Erklärung unter dem ἀθάνατον καὶ ἀΐδιον nicht der Nus poietikos, sondern das μόριον νοητικόν, dem das doppelte Vermögen des νοῦς δυνάμει und des sog. νοῦς ποιητικός innewohnt, zu verstehen ist).
3) Creat. d. Arist. S. 113—116.
4) a. a. O. S. 1038 f.

De Anim. III, 4 in der Psychologie des Aristoteles S. 113—143, welche in dem Capitel auch nicht **einen** Satz unberührt lässt, so dass, wie ich am Ende (S. 143) sage, meine „Darlegung als ein fortlaufender Commentar dazu betrachtet werden kann", mir wenigstens **den** Vorwurf ersparen werde, dass ich das Recht zu meiner Deutung von De Anim. III, 4 „auf exegetischem Wege nachzuweisen" gar „nicht versucht" habe. Ich kann in der That nur staunen, wenn ich ihn nun trotzdem in Ihrer Abhandlung S. 1043, 1 erhoben sehe [1]).

---

[1]) Vielleicht glaubten Sie meine ganze Exegese mit den Argumenten, welche Sie Phil. d. Griech. II, 2 S. 577, 2 gegeben, beseitigt. Umgekehrt erschienen diese mir, abgesehen von dem Versuche durch Einschiebung des $μόνον$, so ohne allen Belang, dass ich vertraute, keiner werde bei dem Vergleich mit dem in meiner Psychol. d. Arist. und meiner Kritik der Kampe'schen Arbeit Ausgeführten schwanken können, und mich damit begnügte, auf diese zu verweisen. Da Sie aber ausdrücklich widerlegt zu werden verlangen, so soll Ihnen hier, Punct für Punct, Ihr Wunsch erfüllt werden.

Sie sagen also (1), Aristoteles nenne zwar den Nus De Anim. III, 4 $δεκτικὸν τοῦ εἴδους$, aber er deute mit keinem Worte darauf hin, dass er diesen „aufnehmenden" Nus als ein Drittes dem thätigen und leidenden zur Seite setze. — Darauf antworte ich, dass er dies allerdings nicht thut und es nach mir auch nicht thun konnte. Denn der $νοῦς\ παθητικός$ ist dem $νοῦς\ ποιητικός$ in gar keiner Weise zu coordiniren, sondern nur, je nach dem Gesichtspuncte, den man einnimmt, der $νοῦς\ δυνάμει$ dem $νοῦς\ ποιητικός$ als geistiges, oder der $νοῦς\ παθητικός$ dem $νοῦς$, der die höheren $εἴδη$ aufnimmt, als leidendes, genauer gesprochen, Formen aufnehmendes Vermögen.

Sie sagen weiter (2): „Er redet vielmehr De Anim. III, 4 von dem Nus ganz allgemein". — Hierauf antworte ich, dass dies nicht richtig ist, da er hier vielmehr nur von dem passiven, die Gedanken aufnehmenden Vermögen spricht, um, mit deutlich bezeichnetem Uebergange, erst am Anfang des fünften Capitels zu der activen, die Gedanken gebenden Kraft sich zu wenden.

Sie sagen ferner (3): „Ebensowenig lässt sich von jenem »aufnehmenden Verstand« irgend eine bestimmte Vorstellung gewinnen oder

Und wiederum muss ich Sie einer wesentlich unrichtigen Darstellung der Sachlage beschuldigen, wenn Sie meine Ansicht über den göttlichen Ursprung des Nus wie eine in der Neuzeit von keinem andern namhaften Gelehrten vertretene hinstellen, indem Sie bei Ihrem Berichte [1]) den Namen Trendelenburgs unterdrücken, auf dessen wiederholte und bestimmte Erklärungen ich hingewiesen hatte [2]). Und wiederum, wenn Sie die Lehre, dass Aristoteles ausser dem νοῦς παθητικός einen νοῦς δυνάμει angenommen habe, der ebenso wie der νοῦς ποιητικός geistig und das eigentliche Correlat zu ihm sei, eine von mir „ersonnene" [3]), d. h. doch wohl eine

ihm in der aristotelischen Seelenlehre ein Ort anweisen". — Hierauf entgegne ich, dass ich, wie auch frühere Erklärer, eine solche Schwierigkeit nicht gefunden und ihm factisch eine ganz bestimmte Stelle angewiesen habe. Es wäre also vielmehr Ihre Aufgabe gewesen, diese Darlegungen zu entkräften.

4. kommt nun die Stelle, wo Sie, wie oben berührt, das μόνον einschieben, die ich hier füglich als abgethan betrachten darf. Der „baare Widerspruch", welcher nach meiner Auslegung zwischen De Anim. III, 4 und 5 bestehen soll, ist also zu leugnen.

Sie selbst dagegen werden in Ihrer Auslegung den Widerspruch nicht los. Oder ist es vielleicht kein Widerspruch, der durch einen einfachen Syllogismus von dem Modus Barbara sich ergibt, wenn Aristoteles, wie Sie sagen, Cap. 4 „von dem Nus ganz allgemein redet, also auch ganz allgemein von ihm beweist, dass er χωριστός, ἀπαθής, ἀμιγής sei, dann aber Cap. 5 speciell von dem sinnlichen Nus behauptet, dass er παθητικός und φθαρτός sei? Und wiederum, wenn er Cap. 4, also ganz allgemein beweist, dass der Nus ein passives Vermögen und reine Möglichkeit sei (429 a 14, 16), dann aber Cap. 5 speciell von dem Nus poietikos behauptet, dass er ein actives Vermögen und reine Wirklichkeit sei (430 a 15, 18)? — Sie trösten sich scheints damit, dass ein solcher erst durch einen Schluss zu Tage tretender Widerspruch „wenigstens kein unmittelbarer" genannt werden könne (a. a. O. S. 577, 2).

1) a. a. O. S. 2 f.
2) De Anim. Comm. p. 175 u. 496; vgl. Creat. d. Arist. S. 110, 3.
3) a. a. O. S. 1043, 1.

zum ersten Mal ausgesprochene und bis dahin unerhörte nennen, während doch im Alterthum Theophrast¹) und Themistius, unter den arabischen Commentatoren Avicenna und Averroes, unter den Scholastikern Albertus Magnus, Thomas von Aquino und Suarez²), in der Renaissance Julius Pacius³) und neben ihm so viele andere dieselbe Auffassung getheilt haben, dass dieser sagen konnte: Interpretes communiter existimant hunc intellectum (sc. patientem) esse immortalem; atque hanc sententiam Aristoteli attribuunt⁴). Scheint es hienach nicht wirklich „doch etwas stark", zu sagen, dass ich erst diesen $νοῦς\ δυνάμει$ erfunden habe⁵)?

---

1) Vgl. dafür m. Psychol. d. Arist. S. 5 f., 217, 223 f., sowie die Erörterungen des Themistius De Anim. ed. Spengel p. 200, 10.

2) Vgl. für sie meine Psychol. d. Arist. S. 8 ff. und Albert. Magn. De Anim. III tract. II c. 18 u. Summ. de Creat. p. II tract. I q. 53 a. 1—6.

3) Jul. Pacius, Arist. De Anim. comment. analyt. lib. 3 cap. 6 § 5.

4) Von diesem intellectus patiens scheidet J. Pacius den intellectus patibilis, indem er auch in Bezug auf ihn bemerkt: Communiter fere omnes interpretes appellatione intellectus patibilis putant hic significari phantasiam: quoniam et haec continetur appellatione intellectus, ut fuit expositum supra cap. 3 et 4. Sic autem exponunt, quia putant intellectum patientem, de quo actum fuit in praecedenti capitulo, esse immoratlem. Unde ne haec verba suae sententiae obstent, ea referunt ad phantasiam. Ita interpretantur Themistius, Simplicius, Philoponus et alii.

5) Es wäre auch seltsam, wenn die richtige Interpretation Theophrast unbekannt gewesen, oder, da sie in Wahrheit die einzig durchführbare ist (s. Psychol. d. Aristot. S. 7 ff., 113 ff. und die Abhandlung gegen Kampe), später von niemandem angewandt worden wäre. —Vgl. auch m. Creat. d. Arist. S. 99 Anm. Das Argument, das ich hier gebrauche: „Was wäre alberner als der Schluss: Der aufnehmende Verstand ist corruptibel, das wirkende Princip ist höher als das aufnehmende, also ist es incorruptibel; als ob innerhalb des Corruptibeln nach Aristoteles ein Rangunterschied gar nicht bestehe?" halte ich trotz Ihres Widerspruchs (a. a. O. 1043, 1) aufrecht. Denn das $ἀεὶ\ γὰρ\ τιμιώτερον$ u. s. w. enthält wirklich einen Schluss. Zudem wäre nach Ihrer Wiedergabe die Bemerkung „wie ja überhaupt das Thätige höher steht als das Leidende"

Soll ich Ihnen nun darum böse werden? Soll ich annehmen, Sie hätten in unredlicher Absicht in Ihrem Referat über das, was ich und andere sagen, alles in einer mir ungünstigeren Weise dargestellt? — Ferne sei es von mir, dass ich Ihnen einen solchen Vorwurf mache und an eine böswillige Entstellung glaube! Wäre es doch traurig und aller

eine recht müssige und immer noch albern genug. Und auch im übrigen sind Ihre Gegenbemerkungen nicht stichhaltig; denn es ist nicht richtig, dass πάσχειν bei Aristoteles nie „aufnehmen", sondern immer „leiden" bedeute (vgl. De Anim. II, 5. 417 b 2: οὐκ ἔστι δ᾽ ἁπλοῦν οὐδὲ τὸ πάσχειν, ἀλλὰ τὸ μὲν φθορά τις ὑπὸ τοῦ ἐναντίου, τὸ δὲ σωτηρία μᾶλλον τοῦ δυνάμει ὄντος ὑπὸ τοῦ ἐντελεχείᾳ ὄντος καὶ ὁμοίου οὕτως ὡς δύναμις ἔχει πρὸς ἐντελέχειαν). Es ist dies aber ein uneigentlicherer Gebrauch des Wortes, und daher sagt Aristoteles De Anim. III, 4, wie das Empfinden so sei auch das geistige Denken nur etwas dem Leiden Verwandtes (429 a 13: εἰ δή ἐστι τὸ νοεῖν ὥςπερ τὸ αἰσθάνεσθαι, ἢ πάσχειν τι ἂν εἴη ὑπὸ τοῦ νοητοῦ ἤ τι τοιοῦτον ἕτερον), nämlich ein δέχεσθαι τὸ εἶδος unter der Einwirkung des νοητόν (ebend. a 15). Und ebendarum fügt er auch De Anim. III, 5. 430 a 18 den Worten: ἀεὶ γὰρ τιμιώτερον τὸ ποιοῦν τοῦ πάσχοντος die Worte bei: καὶ ἡ ἀρχὴ τῆς ὕλης, wo der Ausdruck ὕλη den Begriff des πάσχον erweitert und, wie der Vergleich mit dem Anfange des Capitels zeigt, der eigentlich zutreffende ist. Daher sehen Sie wohl, dass Ihre spöttische Bemerkung: „er (Brentano) legt dem Philosophen statt des albernen Schlusses, gegen den er ihn in Schutz nehmen will, den gewiss nicht bessern in den Mund: wenn schon das πάσχον ein ἀπαθές ist, müsse es das ποιοῦν noch viel mehr sein" in keiner Weise am Platze war.

Beiläufig sei hier zugleich bemerkt, dass es ein grosser Irrthum ist, wenn Sie (a. a. O. S. 1043, 1) aus Met. Λ, 7. 1072 b 22 schliessen zu können glauben, dass auch der aristotelische Gott, dem weder im eigentlicheren noch uneigentlicheren Sinne ein Leiden zukommt, zu dem δεκτικὸν τοῦ νοητοῦ zu rechnen sei. Es stände dies im Widerspruch mit dem Charakter der Gottheit als reiner Energie, und nicht minder mit ihrer Unveränderlichkeit, da ja dann auch das: νοητὸς γὰρ γίγνεται θιγγάνων καὶ νοῶν (b 21) auf die Gottheit bezogen werden müsste. Die richtige Deutung ergibt sich leicht aus dem: εἰ δὲ μᾶλλον, ἔτι θαυμασιώτερον (ebend. b 25) am Schlusse der ganzen Erörterung.

innern Wahrscheinlichkeit entgegen, solches von einem Manne anzunehmen, der sein ganzes Leben den edelsten Forschungen gewidmet hat. Nur möchte ich, dafür zum Entgelt, von Ihrer Seite verlangen, dass Sie gleichermaassen überzeugt sind, dass auch ich Ihre Meinungen und Gründe richtig zu erfassen und unverfälscht wiederzugeben bemüht war und überhaupt, ebenso wie Sie selbst, nur vom Eifer für die Wahrheit getrieben wurde. Müssten wir Philosophen uns ja auch schämen, wenn wir der Welt ein so erbärmliches Schauspiel gäben, dass man glauben müsste, es komme uns nur auf uns und nicht auf die Wahrheit an, von der wir doch alle mit Aristoteles sprechen müssen: „Um ihretwillen darf man auch der eigenen Meinungen nicht schonen".

Wien, den 31. Dec. 1882.

Franz Brentano.

Printed by Libri Plureos GmbH
in Hamburg, Germany